이젠 가끔 널 잊는다

송영신 시집

시인의 말

내 시는 '난지시'가 안된다
갈 길이 멀어 질주하는 직선이다
개성이라고 우겨보면 안 될까

달과 해를 분간 못할 터널 같은 시간
많이 아팠고, 아프고, 아플 것이다
그래서 시를 쓴다
부끄럽고, 부끄러울 것이다

2025년
송영신

차 례

● 시인의 말

제1부 바람의 손을 잡고

구름에게 묻는다 ──── 10
약속 ──── 12
바람에게 의자를 권하다 ──── 13
낙엽의 노래 ──── 14
벌레를 읽다 ──── 16
겨울나무 ──── 18
회복기 ──── 20
윗세오름에서 ──── 22
임종 면회 ──── 24
홍시 ──── 26
고드름 ──── 27
횡단보도에서 ──── 28
타클라마칸발 봄소식 ──── 30
안개 ──── 32

제2부 마음이 어딘들 못 가랴

깨어진 거울 —— 34
그 여름 하루살이 —— 36
나를 스쳐 간 사람들 —— 38
오후의 벤치 —— 40
차가 섰다 —— 42
신록 애가哀歌 —— 43
공상 —— 44
대관령을 넘으며 —— 46
갈대 —— 48
산골 안개 —— 50
대숲에 이는 바람 —— 52
양파 —— 54
기다리는 사람 쉬이 오지 않는다 —— 56
불면증 —— 58

제3부 그럼에도 불구하고

옛 휴대폰을 켜다 ──── 60

나이 들기 ──── 62

이불 킥 ──── 64

사이에 대하여 ──── 66

피그말리온 효과 ──── 67

책벌레 ──── 68

대화 ──── 70

그럼에도 불구하고 ──── 74

유리 ──── 76

탁상시계 앞에서 ──── 78

아기와 새끼 돼지 ──── 80

나에 대한 다섯 개의 느낌 ──── 82

내가 잠드는 법 ──── 85

에펠탑 효과 ──── 86

제4부 아니 만나고 살기도 한다

이젠 가끔 널 잊는다 ─── 88
가슴속 무덤 하나 ─── 90
자학을 위한 풍경 ─── 92
한숨 ─── 94
그래, 너 꽃 해라 ─── 95
아내의 걸음 ─── 96
아내의 시간 ─── 98
아내의 반항 ─── 100
나 홀로 창가에서 ─── 101
사랑은 소리를 낸다 ─── 102
한때는 달달했다 ─── 104
내 사랑은 ─── 105
이별 뒤에서 ─── 106
떠난 후에 알았네 ─── 108
내가 너를 생각했다 ─── 109

▨ 송영신의 시세계 | 김풍기 ─── 110

제1부
바람의 손을 잡고

구름에게 묻는다

한없이 가라앉는 날, 찾은 연못
바람보다 먼저 온 구름이 방석처럼 앉아 있다

벤치에 누워 하늘을 본다
가장 낮은 자세로 가장 높은 곳을 우러를 때
궁금과 답답 사이, 미끼 문 낚싯줄처럼 당겨오는 장력

구름에게 묻는다
나그네가 아니고선 구름의 의중을 알 수 없는지
곁에선 여전히 물비린내 하늘거리는지
돌아오지 않을 듯 떠났지만
아닌 듯 다시 돌아와 하늘에 옷을 걸어놓는 구름
떠난 이도 그렇게 불쑥 나타나
주머니 속 동전과 여윈 손과 옛이야기를 꺼내놓을 순 없는지

거뭇한 골짜기에 들어 둥싯 둥싯 몸을 뒤채는
구름을 본 적이 있다

울고 있었다
구름이 대신 울어주지 않았다면
어떤 눈물은 별이 되지 못했을 것이다

부재의 저편에서 먹구름 욱욱 토해내며
돌아오라 타전하던 비밀의 모스 부호
세상 모든 이의 구름 낀 눈을 보았으니
구름의 비망록은 젖어 있을 것이다

소금쟁이, 구름 디디고 미끄러지듯 연못을 건넌다
나도 그 구름에 발을 놓는다
나에겐 가라앉지 않는 그리움이 있다

약속

서울 남산타워 주변 난간과 철조망에 붙들린
사랑의 자물쇠가 묻는다

이 악물고 매달려
내 본분 다하는데

당신들은 꾹꾹 참으며
영원하자던 그 약속 지키고 있는가

바람에게 의자를 권하다

마을 개천 위를 가로지르는 콘크리트 다리 밑에
어슬어슬 어둠이 내리면
한낮의 왁자함도 집으로 돌아가고
언제나 그랬듯이 빈 의자만 외롭다

모든 외로운 것들을 위해 밤은 짧아야 한다

어떤 쓸쓸함이 바람이 되는지 몰라도
어떤 바람이 새벽으로 떠나는지 몰라도

슬쩍, 바람의 손을 잡고 앉기를 권해본다

낙엽의 노래

위에 있었다면 언젠간 내려와야 한다
나뭇가지 사운대고
몸이 자꾸만 서걱거리면
떠날 때가 되었다는 것

눈을 들면 가렸던 하늘이 듬성하고
가지마다 이별이 흔들리고 있다
신록의 싱그러움도 누리고
단풍의 화려함도 뽐냈으니
꽃잎 지듯 나도 저 하늘에 진다
내 앉았던 자리 햇살 퍼지듯 환해진다

내가 가면 가을도 저만치 가고
계절도 점점 더 가벼워지겠지
내 몸 위로 비 내리고 눈도 쌓이겠지
대지를 위해 윤회의 고단한 목숨을 던졌으니
한 알의 밀알처럼 썩어 실뿌리를 적시고
봄이 오면 다시 잎을 내겠지

욕망의 모든 물기를 버렸으니
나는 이카로스의 날개가 아닌 니케의 날개
추락 아닌 눈부신 착지

나는 버림받은 것이 아니니
시몬, 너는 바스락 낙엽 밟는 소리를 즐기라

벌레를 읽다

벌레를 읽는다
좌우로 위아래로 움직이거나
크게 작게 몸집을 바꾸기도 하고
때론 진하게 무장해서 달려드는 벌레

좌우 여백은 비무장지대
더듬이를 세워 방향을 잡고
몸을 주름상자처럼 오므렸다 폈다 하며 행간을 넘나든다
벌레들 간의 관계 맺기와 짝짓기
의미를 만들기 위해 엎드려 밀고 왔을 선대의 발자취
먹은 만큼 먹물이 오르고
엉겨 붙어 단어가 되고 문장이 된다
알 수 없는 벌레에겐 주석이 달리고
물 건너온 벌레는 여전히 낯설다

쪽과 쪽 사이에 깊고 어두운 문맹의 협곡이 있어
사나운 계절이 매복해 있고
행과 행 사이

의미와 무의미가 숨 고르기를 하며
서로 우화羽化의 기회를 엿보고 있다

오독과 난독의 벌레들이 탈피를 하고
몸집을 키운다
굽은 말, 말 아닌 말이
벌레가 되는 순간
세상은 수많은 그레고르 잠자를 낳는다

벌레를 읽는다
독서의 습관 꼬리뼈처럼 남아 있으므로
시선의 직립을 유지하는 데 불편하지 않다
가끔 그럴듯한 벌레라도 만나면
밑줄을 치고
벌레의 표정을 읽어 보는 것이다

겨울나무

아주 간 건 아니겠지요
혼자 서 있는 시간, 견뎌야 하는 외로움
그 외로움 끝에 나이테가 생생히 새겨지고 있겠지요

잎으로, 꽃으로 가려져 보이지 않던 나무의 중앙
담장처럼 가지런히 줄지어 서서
최소한의 몸으로 겨울을 나는 나무를 보며
중심은 오히려 묵묵하다는 걸 깨닫습니다

잠시 이별을 짓습니다, 아름다웠던 모든 계절들과
모두 좋았지만 정작 심장을 건드리는 건 그 아름다움의 근원,
대지를 붙잡고 선 줄기와 차가운 그림자
그 그림자 길게 늘어져 받침목처럼 나목을 붙잡고 있습니다

구름 스쳐 가는 우듬지에 까치 한 마리 앉았습니다
텅 빈 둥지를 보며 까치는 생각하겠지요

한숨을 미소로 바꿀 그때는 꼭 오리라는 것을
아지랑이 스멀거리면 물의 기운 하늘로 올라
잎을 터뜨릴 것입니다
그때쯤이면 어슬렁어슬렁 한 겹의 껍질을 벗고
다가오는 사람이 있겠지요

숲이든 들판이든 나무가 있으면 길이 됩니다
왜 붙박인 나목이 떠도는 나그네와 동행하는지
알 듯도 합니다
튼튼한 고독 끝에 가녀린 봄이 옵니다
오랫동안 기다리셨습니다

회복기

살고자 꼬리 떼어주고 도망치는
도마뱀, 그걸 구차하다 말한 적이 있다

소독제처럼 병실을 휘감는 낯선 느낌을 뒤로하고
시간에 지친 채로 날 선 수술대에 누우면
또 한세월이 정리된다
어떻게 살았든 끝은 같으니, 다들 고만고만하니
어깨에 힘을 풀게 된다
마취제를 맞는 순간 될 대로 되라는 심경과 함께
저 먼 나락으로 떨어진다

창문 너머 약발처럼 밀려오는 저 햇살의 군색한 느낌
다시 깨어나도 고작 나일 뿐, 여전히 나일 뿐
달라진 건 없다
넘어졌으니 일어나야 할 뿐
그러면 됐지 뭘 더 바랄까
다시 죽을 먹고, 밥을 먹고, 짜장면을 먹게 될 때마다
살만하다고 느끼는 이 청량함을

오래 간직하고픈 마음은 있다

이제부턴 모두 덤인가

다만 완치는 없다

사라진 두 개의 장기는 돌아오지 않는다

상실과 회복은 한 묶음인지 별개인지 의문만 남는다

벌채를 위해 밑동 싹둑 잘린 나무

그 허망한 몸통에 속절없이 삐져나오는

새싹을 본 적이 있다

나는, 그걸 회복이라고 말하지 않기로 했다

윗세오름에서

꿈속인 듯 아련한 눈길로 어루만진다
백록담 호위하며
병풍처럼 아스라이 펼쳐진 수묵담채

눈길 끝에 문득문득 그대가 서 있다

내 곁에 그대가 없다는 건
도처에 있다는 것
오백나한 기암의 어깨 위에도
너덜길 돌 틈 하나하나에도
구름 휘감아 도는 오름의 푸른 가슴에도
첫눈 오는 날의 약속처럼 그대가 서 있다

산을 오르면
그리움의 높이도 높아진다는 걸 몰랐다
나를 속이는 것이
절절한 절벽 위에 서는 것이란 걸 몰랐다

수풀 사이 노루 한 마리
나를 바라보며 불안의 거리를 재고 있는데
공중을 돌던 까마귀 한 마리는
주인 만난 강아지마냥 내 곁에 성큼 다가와 앉는다
아슬아슬한 존재 속으로 뛰어든다는 것은
얼마나 벼랑 같은 갈망인가

움푹 파인 가슴의 굼부리
분출하지 못하고 안으로 안으로만 들끓는
내 배반의 마그마

나는 까마귀의 허기와 불안한 노루의 시선을 가졌으니
한라의 비탈 고사목에
나날이 메마르는 백기를 걸겠구나

임종 면회

오늘과 뒷날의 경계, 있음과 없음의 경계가
이리 얇구나
그 분계선 사이에서 오가는 모든 것들이
이리 투명하구나

호스피스 병동에서의 만남은
무거움 속의 꾸며진 경쾌함
이유 없이, 때도 없이, 피할 수 없는 약속이 찾아오면
인간의 길은 엇갈린다
침대에 누워 세 뼘 창문의 풍경이 멋지다던 그의 여유는
단 며칠을 넘기지 못했다

날카로운 침엽수림을 지나
쓸쓸한 거리를 지나
그대는 동굴로 들어간다
긴 동굴 끝에는
밝은 하늘 아래 넘실대는 푸른 해변이 나타날 것이다
죽음 이후의 날들 역시 기나긴 과정일 테니까

마지막으로 남아 있다는 청각을 믿으며

인연이 되어 줘서 고마웠다고, 잊지 않겠노라고

혼자만의 다짐 아닌 다짐을 눈물처럼 떨군다

'다시'와 '더 이상'이 존재하지 않는 시간

누구도 먼저 끝맺음을 지을 수 없는 곳

조용히 다가오는 어둠, 언제나 어둠은 소리 없이 내려 눈빛을 잠재운다

서서히 세 뼘 창문의 풍경이 닫힌다

홍시

마지막 잎새마저 끝내 떨어져도
미련처럼 남아 타오르는 너는

붉은 의미를 공중에 매달아
뜨거운 가슴 식히려 하는가

고드름

아픔이 눈물로 고이는 날

설움이 크면
눈물의 크기도 커지는 걸까

한이 깊으면
눈물의 모양도 뾰족해지는 걸까

횡단보도에서

색으로 걷고 색으로 멈춘다
검은 차도의 양해로 빌린 차도 위의 얼룩 길
녹색의 30초가 허용해 준 자유 보행도
흰색을 밟아야 안심 보행

색이 바뀌면 무엇이 바뀔까
색이 지배하는 공간에서
공중에 매달린 불빛이 이토록 간절한 적이 있었던가

스쳐 갈 인연인지 잊혀갈 우연인지
나는 가고 그들은 온다
잠시 한 공간에서 머물다 각자의 공간으로 사라질 테니
무심히 마주친 눈 그림자와 사연은 잊어야 한다

횡단의 목적 아래
서다, 보다, 걷다 만 허용될 뿐
사람이 스친다고 위로가 시작되진 않는다
차와 사람의 신경전

엉킨 발자국의 지상전
보이지 않는 다툼 속에 발자국만 쌓일 뿐

깜박이는 신호등, 너에게 갈까 말까 망설이던
숫기 없는 초조함 같다
뒤돌아보면 두고 온 내가
동동거리며 손 흔들지 모르지만
망설임보다 돌아섬이 안전하다는 걸 횡단보도에서 배웠다

파도처럼 밀려왔다 밀려가는 발걸음
아무리 많은 발걸음이 쌓여도 길이 되지 않는
아무리 많은 발을 섞어도 의미가 되지 않는
깊고 쓸쓸한 횡단보도

타클라마칸발 봄소식

타클라마칸발 봄소식엔 황색 그림자가 묻어 있다
외로움에 몸서리치던 밤
사막도 제 짙은 우울을 날려 보내고 싶었을 것이다

오르막에 내리막 있듯
오르는 것은 언젠간 떨어진다
벚꽃 핀 자리, 봄이 앉은 자리에 내려
꽃을 덮고 봄을 닫는다

꽃 아니어도 황사는 유리창에 누런 비꽃으로 피고
새 아니어도 날개 단 듯 허공을 맴돈다.
우리의 일상에, 우리의 저녁 식탁에
불청객으로 찾아와 앉는다

황해를 건너와 귓전을 두드리는 낯선 방언은
짝이 맞지 않는 패처럼 겉돌고
공중을 떠도는 서역 나그네의 발길은
모래 언덕을 오르듯 어지럽다

어차피 바람 같은, 먼지에 불과한 인생이니
할 말 많아도 조개처럼 입 꾹 다물기로 한다
다시 쓰는 마스크 위로
흙비가 내린다

강변 언덕의 라일락
꽃망울 낼까 말까 망설이고
석양조차 색을 잃은 서쪽 하늘 속으로
새 한 마리 뛰어 들고 있다
올림픽로에서 바라보는 롯데타워,
황색 커튼 뒤로 서서히 몸을 숨긴다
4월이 시들고 있다

안개

살다 보면
길이 안 보일 때가 있지

없는 게 아니라 보이지 않을 뿐

안개의 짙은 심술에도
나름 이유가 있었을 터

안개 속에 분명 길이 있으니
한 발 또 한 발 떼다 보면
바람이 다시 길을 열어 주겠지

안개 저편에 서성이는 햇살을 보여 주겠지

제2부
마음이 어딘들 못 가랴

깨어진 거울

골목길 한 귀퉁이 깨진 거울 하나
조각들이 가쁜 숨을 몰아쉬며
제각각 작은 풍경에 선을 긋는다

다가가 마주하니
기다렸다는 듯 거울은 거울이 되고
힘겹게 간밤의 안부를 묻는다
물집 터지듯 푸른 별빛으로 쏟아진 파경
그 금 속에 바람이 있고
망설이던 골목이 있고
눈에 밟히는 눈동자가 있다

흰나비 한 마리
살포시 날아와 거울에 앉는다
날개를 접고 문상하듯 조아리고 있다
거울은 전생에 꽃이었을까
아니면 나비가 전생에 누군가의 얼굴이었을까

내가 일어서면 이제 거울은 무엇을 비출까
금 간 여백 위로 텃새 몇 마리쯤 훨훨 날겠지만
저 무심한 표정 앞에서
어찌 마음을 여미겠는가
달빛이 내려 어둠의 속살을 비출 때
어찌 숨결 같은 반영을 공중에 걸겠는가

이제 바람 멎으면 하늘하늘 구름이 내려와
금 간 이마를 덮어 주리라
잠들지 않는 조각별이 되리라

그 여름 하루살이

하루 동안의 관혼상제가 숨 가쁘다
든 자리 난 자리 없이
공중을 수놓는 죽음의 짝짓기

해 질 무렵 강변길
손 휘저으며 걷는다
철새들의 군무인 양
하루살이들의 처음이자 마지막 비행
어지럽다

그물처럼 몸을 덮쳐오지만
손사래 한 번에
온 생애가 흩어지고
소낙비 한바탕 놀다 가면
한 번
날아오르지도 못하고 꺾이는
삼 년의 꿈

입이 없으니
내일을 바랄 수는 없는 것
살아가는 것인지 죽어가는 것인지
알 듯 말 듯한 의문

무슨 소명이, 생명이 그리 낮고 얕은가

하루를 지우고
또 다른 하루를 살아가는 하루살이 인생
매일의 아침이 덤인지 짐인지
살아가는 것인지 죽어가는 것인지

나를 스쳐 간 사람들

참 의미 없는 사람
옷깃만 스치고 지나간 사람
스쳐 가되 오랫동안 향기로 남은 사람
왜 기억나는지 모른 채 기억나는 사람
처음인 듯 생생한 사람
아무리 아니하려도 잊히지 않는 사람
마음 건드리고 간 사람
없었으면 내가 없을 사람
없는 듯하면서도 나를 만드는 사람

사람과 사람이 통하면 인연인지라
터벅터벅 인생길에 발이 되어 준 이들
이제 와 멈추어 서서 스쳐 간 그들을 생각함은
참 멀리도 왔거니와
그들이 있어 여기까지 왔기 때문이라
친구를 만나고 귀인을 만나고 더러 적과 만나고
거짓 웃음과 헛된 만남도 만났지만
다시 걷고 다시 만나야지

이제 기도하리라

안녕하기를, 그대들 모든 만남도 향기롭기를,

내가 악연이 아니었기를

오후의 벤치

공원 구석 그늘진 자리
낡은 벤치 하나 조는 듯 앉아 있다
무너진 다리 한쪽
부서진 등판
탈색된 좌판
삐걱거리는 세월이 검버섯으로 피어 있다
발걸음 무거운 사람들
무릎이 필요한 사람들
뿌리 깊이 내리고 온갖 무게를 받아냈다
지구만큼 무거운 한숨이 앉았다 가기도 했다

그늘진 낡은 벤치에
한 노인 쉼표처럼 앉아 있다
생각조차 무거워지는 늦은 오후
바람 따라 왔다 바람 따라 가버리는 먼 기억들
삐걱거리는 나이만큼
할 말은 많아도 입 닫은 지 오래
해를 피하지만 세상을 피하진 않았다

한때는 안식의 무릎이었다
자식들이 앉았다 가고, 손주들이 앉았다 갔다
한때는 열정의 다리였다
한 번 서면 서산에 해 넘는 줄 몰랐다

아무도 찾지 않는
휘어진 다리
검버섯 핀 피부
비틀대는 몸짓
덩그러니 남은 벤치와 노인
언젠가 다리 풀고 마침표 찍겠지만
한 세월 빠져나간 공원에 또 다른 바람이 불겠지만

차가 섰다

 차가 멈추어 섰다. 먼 남도 땅에서. 오래도 탔으니 이별의 예감은 늘 곁에 있었으나 이리 당혹스러울 줄은 몰랐다. 이 작은 일상의 공간에도 먼지처럼 흩날리는 일생의 무게. 버릴 것인가, 살릴 것인가 선택의 순간 난 가로수처럼 저물도록 서성였다. 결국 적잖은 돈을 들여 새 심장을 달아주고 인연을 연장하기로 했다. 오랜 세월 같이했으니 쌓인 정도 문제이거니와 낯선 땅에 정붙이를 버려두고 온다는 것은 마치 고려장 같아 마음 한편 돌덩이처럼 무거웠으니까. 가치는 존엄과 귀함 보다는 정신적 선택에 있는 것이니까.

 하찮은 사물도 정이 붙으면 생명이 된다. 사물조차도 쉬이 하지 못하는데 사람이야 오죽할까. 기쁨과 슬픔이, 웃음과 울음이 길 가다 맞은 소나기처럼 우연의 일치이거나 순간의 결과임을 알았다.
 내가 외면했던 모든 인연과 내가 무관심했던 모든 사연에 고개 숙이기로 했다.

신록 애가哀歌

꽃이 피기까지는 내가 봄이었다

꽃 마냥 화사했는데
뭇시선에 얼굴 따가웠는데
뭇 손길에 몸 둘 바 몰랐는데
이리 매정하게
눈길 거두어 가는가

공상

1. 젊어서 투명인간일 땐 할 수 있는 일이 참 많았는데, 이젠 별로 할 일이 없구나

2. 노인으로 태어나 점점 젊어지고, 나중에 애기가 되고, 다시 어머니 뱃속으로 사라져 다시 잉태되고, 나는 다시 태어나 살다 젊어지고… (같은 생각을 한 사람이 있다는 건 나중에 알았다)

3. 내 아내였을 여자가 지나간다. 인연은 찰나이자 희롱이다. 소중한 인연이란 어쩌다 그물에 든 월척 같은 것. 인연이란 당위론 아닌 결과론이다.

4. 꽃은 아름다운가? 그저 우연의 소산 또는 식물의 발정 아닌가? 아름답다는 건 합리적 감정인가? 왜 꽃은 노려보면 안 되나?

5. 한국은행에서 밤새 돈을 찍어 사람들에게 나눠주면 모두 부자가 되지 않을까? 그것이 안 될 말이란 걸 알아갈 즈

음부터 순수한 공상은 끝이 났다.

  6. 꿈에서 술술 쓰인 시가, 깨었을 때 고스란히 기억난다면?

  7. 사랑은 편파적이다. 모두에게 기울어질 수 없다. 사랑은 쏠려서 사랑이다.

대관령을 넘으며

벼락같은 아침이 있었다
대관령을 넘었다

잊기로 한들 잊힐 건가
바람 타고 구름 오르는 산등성이
평온한 호수, 그 평온을 흔들어놓는 괭이갈매기의 날갯짓
두고 온 것은 멀리 두고 그리워하는 것
고개 돌려 아닌 척하는 것
그래야 사는 것

떠난 후에 알았다
발걸음 따라 파도 소리, 바람 소리 따라오고
흙 내음, 풀 내음 꽃향기인 양 묻어왔다는 것을
머리 드니 밝은 달이요, 눈 감으니 낯익은 마을
나를 키워준 대관령 바람이여 동해 바다여
부디 나를 먼저 잊으라

인생의 황혼기, 그 귀향의 시간에

등을 돌렸으니
하루가 빛과 어둠 사이를 지나듯
나의 삶도 그리움과 방랑 사이를 지난다

떠나는 이 있으면 돌아올 이도 있으리
저마다 봇짐 같은 사연 이고 지고 고향을 오가겠지만
슬픈 이는 더 슬프고 외로운 이는 더 외로운 타향의 시간
떠난 자는 말이 없다
서로 묻지 않기로 한다

갈대

꽃이 피었네, 갈꽃
융단 펼친 듯 흐드러진 꽃차례
구름처럼 넘실거리네

물결 같은 잔잔한 햇살이
갈대숲으로 들면
타는 몸으로 익어가는 계절
갈대 일어서는 소리에 놀란 새들
폭죽 터지듯 날아오르네

갈바람이 몰고 온 가을빛
노을처럼 물들라 하네
물들어 호수를 붉게 적시고
호수보다 더 깊은 울음 울라 하네

속을 비워 뿌리를 키우고
바람 부는 대로 흔들려 지켜낸 황금빛 정원

불현듯 생각에 잠겨 찾아온
호반의 갈대숲
허전한 몸으로 함께 흔들리고 싶지만
내 자리가 아니란 듯
어서 가라 어서 가라 손 내젓는 갈대

아직도 갈꽃 호반엔 옛 얼굴 떠 있고
갈색 기억들 꽃처럼 흩날리는데

산골 안개

이른 아침 산골마을
안개 내려와 수묵화를 그린다

안개는 물의 호흡
한 숨 한 숨 습기를 내밀어
잎새에 알알이 방울꽃 피우고
온 마을 안개비로 적시는데

골짜기에 숨었던 바람이 몸을 일으키면
안개는 양 떼로, 새털로
변검 하듯 몸을 바꾼다

멀리 병풍처럼 둘러선 산
안개는 산등성이 넘나들어
산을 품었다 놓아주고 다시 놓았다 품는다
숨바꼭질 같은 안개의 희롱
그 현란한 밀당에 산은 그만 아득해진다

산새, 물새 날개를 털고
굽이도는 개울도 안개 따라 걸음을 준비한다

오고 감, 멈춤과 움직임에 어색함 없고
가림과 드러남 앞에 주저함 없으니
안개의 무상이 질투인 양 부럽다

자유롭다 들뜨지 않고
사라진다 하여 공허하지 않는,
덧없되 허무하지 않는 안개의 자세

미련한 눈으로
안개 속 그 미궁을 어찌 헤아릴까

대숲에 이는 바람

오래되지 않았다
대나무가 나무가 아니란 걸
풀이 저렇게 강직할 수 있다는 걸
알게 된 것은

텅 빈 침묵들, 마디마디 뼈를 세운다
높이를 세워 하늘을 바라지만
뿌리는 옆으로 옆으로 보폭을 넓힌다
숲이 뿌리가 된다
대숲은 소리의 전당
세상 모든 소리가 숨어들고
대나무도 무슨 말을 하고픈지 제 온몸을 흔들어 소리를 낸다
푸른 대숲에 파도가 일렁인다
단 한 번 꽃피우다 넘어진 자리,
꽃씨 날려 다음 세대가 자란다

아버지는 대쪽 같은 군인이었다

어린 아들은 회초리보다
푸시업과 원산폭격을 먼저 알았다
당신 등 뒤에서 주먹감자를 날리던 사병,
어린 눈과 마주치자 댓잎처럼 흔들리던 그의 눈동자
그때였다
아버지도 외로운 나무가 아닐까 생각한 것은

푸른 군복을 벗은 당신은
대숲처럼 흔들리셨고 뿌리처럼 누우셨다.
막다른 골목길 같은 암 병동
텅 빈 침묵들이 뼈 마디마디를 해체했다
손 흔들어 무슨 말을 하시려 했을까
허공을 저어 무얼 거부하고 싶으셨을까
병실에 바람이 일고 파도 소리가 밀려왔다

속이 비어버린 당신은
나이테를 남기지 않으셨다

양파

뿌리 내린다
흙덩이들 몸을 비키고
놀란 벌레들 소란하다
땅과 하늘에 함께 쌓았던
잔잔한 인연들도 묻힌다
달덩이 같은 줄기를 위해
속을 비워 대를 올린다
흙은 생명의 시점이자 종점
그곳에서 잠들고 싶었다

창가 유리컵 하나
고요한 수면, 그 수평에 햇살을 걸고
다시 몸을 세운다
흰 머리카락 같은 뿌리 내려
푸른 싹을 밀어 올린다
멍든 가슴 위로 솟아난 눈물 같은 싹이여
썩는 것과 싹 틔우는 것
삶과 죽음의 경계가

수면 한 꺼풀보다 얇구나

생의 어디쯤에서 나의 발길도
뿌리 내리고 싶을 때가 있었다
그 자리에서 꽃을 피우고 싶을 때가 있었다
양파 같은 삶
한 꺼풀 한 꺼풀 벗기다 보면
멍든 가슴
시린 눈물이 맵다

기다리는 사람 쉬이 오지 않는다

기다리는 사람
그리 쉽게 나타날 리 없다

기다린다는 것, 하염없이 기다린다는 것,
올 때까지 기다린다는 것, 오지 않아도 기다린다는 것

누군가를 속절없이
기다려 본 사람은 안다

바람 소리에도 귀를 빼앗기고
오지 않을 사람 기다리다
내가 바람이 된다는 것을

네가 온다는
소식이라도 들리면
나는 그때부터 물결처럼 일렁이겠지만
그때가 다가올수록
다시 뒷걸음질 치는 마음

오늘도 아닌 척

몸을 돌려놓고

마음은 그대 올 길 지키고 있다

불면증

도처에 어른거리는 그림자
말이 마음에 쌓이면 도가 트이고
얼굴이 마음에 쌓이면 병이 되니
단잠을 별렀으나 또 풋잠
다시 잠을 청하려는데
어슴새벽의 희미한 햇살이 두 눈을 깨운다

파도 같은 불안을 깔고 누웠으니
눈을 감아도 출렁이는 일엽편주
물보라 일듯 그만 까무룩 하고픈데
꿈속으로 아득히 떨어지고 싶은데

봄이 아르릉거리는 가슴
그 언저리에서 그대를 만나
알싸한 동백꽃 속으로 잠들고 싶은데

제3부
그럼에도 불구하고

옛 휴대폰을 켜다

서랍 안쪽 옛 휴대폰
잠시 망설이다 전원을 켠다

20%의 희미한 목숨이 눈을 뜨고
달력 앱과 메모장, 남겨진 사진이 시간을 뛰어넘어 달려온다
어제를 건드리는 일, 사물의 영혼을 흔들어 깨우는 일
어찌 즐겁기만 하겠는가
아프기에 버리지 못하는 한 밤의 마조히즘

먹물 한 방울이 한 통의 물을 흐리듯
하나의 어둠이 온 빛을 지운다
아프기에 건드려야 하는 역설의 발톱

무슨 이유가 있었던 듯 아닌 듯
무슨 말이 하고픈 듯 아닌 듯
무슨 얼굴이 떠오른 듯 아닌 듯
모든 기억엔 구름이 끼고 눈물방울 맺힌다

새벽 두 시의 태양처럼
어디선가 나를 기다리는 얼굴과 시간이 있다면
추억이란 과거와 현재가 서로 손을 내어 주는 일
시간의 모퉁이에서 아닌 듯 기다려 주는 일

이제 12%의 목숨으로
다시 깊은 잠에 든다

나는 고목에 물 주듯
생의 옆구리에 충전기를 꽂는다

나이 들기

취미 하나를 버렸다
어제는 응원하던 야구팀도 포기했다

자주 혀를 깨물고
넘어뜨리고 쏟는다

문득 눈물 흘리고
그 눈물 부끄럽다

밤길은 더욱 어두워지고
발길은 걸음마 배우듯 흔들린다

나이 들수록 시간은
더 성급하게 흐른다

늙으면 눈과 귀 어두워지고
어두워져서 살 만해지는 것처럼
하루하루 애매한 헤맴

그렇게 조금씩 조금씩 어긋나도

산다는 건 다 그런 일

이불 킥

잠자리에 들었건만
문득 모든 세포들 다시 살아나는 때 있다

생각이 가만히 있지 않고
이리저리 콩 볶듯 튄다

온몸 붉어지던 실수
들켜버린 마음
함부로 꿇은 무릎

내가
나를 용서할 수 없을 때 너는 온다
잠자리 위의 고해성사로 온다

공중을 둥둥 떠다니다가
오래된 사진첩 속
먼지로 내려앉았다가

우연히 집어 든 책
갈피갈피 낙서로 날아올랐다가
뒤집어쓴 이불 속으로 파고든다

오늘도 나의 하루에 돌을 던지는
바리새인들
그 돌 닿도 전에 내가 먼저 쓰러진다
스스로 마음 온통 헤집어 놓았으니
오늘 밤 꿈도 어수선할 것이다

사이에 대하여

모든 사연엔 사이가 있다

확신과 의심 사이
웃음과 울음 사이
그날과 오늘의 사이,
지나간 것과 또 다가올 것의 사이
그 사이를 오가는 개와 늑대의 사이
23시의 오열과 01시의 미열 사이

모든 사이는 소란스럽다
그 잡음 속으로
수많은 의미가 깃발처럼 나부낀다

텅 빈, 사이는 없다
사이는 빔이 아니라 채움이며,
멈춤이 아니라 운동이다
그 왁자한 아우성 사이로
아, 서로가 처음인 듯 신음하고 있는 것이다

피그말리온 효과

가로등 아래
밤새 뒤척였을 가로수
먼동이 트자 다시 몸을 세우고 있다

새벽 기도 나선 허리 굽은 할머니
지팡이로 길을 끌고간다

피그말리온, 당신은 모양을 매만져 사랑을 얻었지만 사람들은 욕망을 다듬어 스스로 예언을 만든다. 결심하면 이유가 만들어지고, 그 이유가 행동을 만든다. 예언이 끌고 온 결과 앞에 내 그럴 줄 알았다며 무릎을 친다.

새벽 기도 마친 할머니
다시 허리 굽은 길을 걷는다
지팡이로 천국을 끌고서

책벌레

활자 사이를 바삐 오가는 벌레를 본다

달빛처럼 창백한 서생들
밝음이 싫어 어둠으로 왔으니
가녀린 몸으로 긴 겨울은 어찌 넘을까
날개가 없으니 멀리 가진 못한다
책 밖은 위험하니
책이 곧 방이요, 방이 곧 우주라
그것으로 족하다

책벌레와 사람은 오래 묵은 사이
같은 이름으로 같은 공간에 있지만
서로 달갑지 않은 존재
한쪽은 곰팡이를 좇고, 한쪽은 꿈을 좇는다
한쪽은 책을 망친다는 누명과
한쪽은 인간관계를 망친다는 손가락질과
싸워야 한다
산산한 바람에 가슴 열 줄도 알아야 하지만

한쪽엔 독이 된다

얽매여 사는 동안 갉아 먹은 수많은 언어들
검은 숲을 침묵으로 건너온 벌레들은
이제 몸 안의 모든 언어를 꺼내야 한다

책이 덮인다
한쪽은 깨어나고
한쪽은 잠들 것이다

대화
— 당신은 혼자가 아니에요

1. 한밤의 전화질

20대 초반 젊은 시절, 농 반 진 반, 치기 반 진지 반의 심정으로 새벽녘에 마구잡이로 다이얼을 돌린 적이 있다. 신호가 여러 번 가고 난 뒤 전화를 받는다. "힘들고 잠이 안 와서 아무 번호나 눌러봤어요. 어떻게 살아야 할지…" 잠결에 전화받은 이는 아주머니였다. 화를 내거나 그냥 끊어 버릴 거라고 생각했는데 예상과 달리 청년의 새벽 넋두리에 목청을 다듬더니 내가 오히려 민망할 정도로 한참 동안 위로의 말을 전한다.
수화기 너머 천사가 있었다.

2. 단오 행사장에서

역술가와 마주 앉았다. 단돈 2만 원에 사주와 점까지 봐준다니 속는 셈 치고 기대를 가져 보기로 했다. 사실은 말 못 할 고통 속에 있던 터라 누가 알아봐 주길 바랐던 것 같다. 그러나 기대와 달리 역술가의 말은 상투적이었고, 바넘의 효과*를 뛰어넘진 못했다. 가족사의 그 엄청난 상처와 고통을 알아맞히지 못한다면 무엇을 알고, 무엇을 맞춘다는 것일까. "최근에 힘든 일을 겪으셨군요" 한 마디라도 해줬다면 나는 그 자리에서 흐느껴 울고 말았을 것이다.

3. AI와의 대화

이번 생은 망한 것 같아요, 어떻게 해야 할까요?

그런 절망적인 생각이 드실 때 정말 마음이 무거우실 거예요. 인생이 힘들게 느껴질 때는 혼자서 해결하려고 애쓰기보다 주변 사람들과 솔직하게 이야기를 나누거나 전문가의 도움을 받아보는 것도 큰 도움이 될 수 있어요. 그리고 하루에 작은 즐거움이나 감사한 순간을 찾아보는 것도 마

---

* 보편적으로 적용되는 특성을 자신의 특성과 일치한다고 믿으려는 현상. 바넘 효과를 불러오는 전형적인 진술은 얼핏 보면 상대방을 간파하는 듯해 보이지만 사실 애매모호한 면이 가득하고, 어느 누구한테나 들어맞는 말이다, 역술가들은 이러한 바넘 효과를 이용하여 고객의 귀를 솔깃하게 한다.

음을 조금씩 가볍게 해 줄 거예요. 당신은 혼자가 아니란 것도 잊지 마세요.

불행해서 행복할 수 있나요?

행복과 불행은 단순히 반대 개념이 아니며, 불행이 없다고 해서 반드시 행복한 것은 아닙니다… (중략) 인생에는 좋은 일과 나쁜 일이 모두 필연적으로 일어나며, '불행 없는 삶'은 현실적으로 존재하지 않는 허상입니다. 따라서 자신의 불행을 인정하고 슬프고 아픈 감정을 있는 그대로 받아들이는 것이 중요합니다. 이런 인정과 수용이 있어야만 고통을 치유하고 위로받으며, 두려움을 극복할 수 있습니다. 결론적으로 불행을 경험하면서도 그 불행을 인정하고 삶의 의미를 찾아가는 과정에서 행복을 느낄 수 있으며, 이러한 관점은 행복과 불행이 서로 연결되어 있고, 불행을 통해서도 더 깊은 행복에 이를 수 있음을 보여줍니다.

― 가슴속 시냇물처럼 졸졸 흐르는 이야기, 급류처럼 모

든 것을 휩쓸어 가버리는 이야기, 탁류처럼 마음을 휘저어 놓는 삶의 이야기들. 모든 물들이 낮은 곳으로 흘러 바다로 가듯 모든 고통이 행복으로 가는 길 위에 있기를.

그럼에도 불구하고

오지 않을 고도를 기다려
또 다른 기다림 만든다

세상은 정돈되어 있고
사유는 길 안에서
도전은 밖에서만 가능하다

세상은 울지 않지만
생명은 흔들린다

의문에 대한 집요한 도전과
깨어 있는 자에게 씌워진 굴레

너는 나를 미워한다
너는 나를 떠났다
불구하고 나는 살아간다

전제를 인정하는 자세와

그럼에도 불구하고
자세를 고쳐 앉는 단호함 사이

유리

안과 밖, 이편과 저편
경계가 모호한 너인 듯 나인 듯한 얼굴
이처럼 투명할 수 있는가

모든 것 보여주지만
받아들이진 않는

고통에 직선으로 부딪혀
깨어질 벼락같은 고고함
부러질지언정 휘지는 않겠다던
젊은 날의 치기처럼

안이 차갑게 변한다면
밖은 온기를 나눠
한 서린 성에를 키우겠지

어차피 넘지 못할 선이라면
마음껏 그리워해도 좋으리

입김 닿지 않지만
따스한 볕 서로 받아
온몸 데워 하나 되는 것

서로가 배경 되어
따돌리지 않는 것

따로 또 같이
등 맞대어 부비며 살아가는 것

탁상시계 앞에서

시계 초침이 은빛 칼날을 번쩍이며
시간을 내리치고 있다
분침과 시침은 은근하게 뒤를 따른다
모든 침은 위험한 낭인
시간은 재깍재깍 상처를 입는다
무너진다, 그 무너진 도마 위로 다시 칼날이 돌아온다
가면 오지 않는 발걸음처럼 시간은 쫓겨 가고
시곗바늘은 원을 그리며 돌지만 정작 남는 것은 과거뿐
시계는 과거를 찍어내고 앞날을 보여주는 만화경
날쌔고 잔인한 단두대
오고 가면서도 가면 오지 않는 역설이 있고, 파괴가 있다
지금 치고 가는 모든 시간을 과거로 만들며 계속 미래를 겨눈다
머물지 못하는 현재, 과거와 미래만 존재하는 시계

나를 치고 지나간 수많은 사람들
내가 치고 간 수많은 사람들
다가오는 수많은 인연들

상처는 차곡차곡 쌓여도 시곗바늘처럼
나는 오늘도 걷는다
내 손길과 발길이 때로는 두렵다

아기와 새끼 돼지

그라나다 가는 관광버스
식사 시간이라 휴게소에 선다
출입문 입구에서 마주친 아기엄마와 유모차
나와 눈을 마주친 아기가 방긋 웃는데
그냥 외국 인형이다
아기엄마가 순서를 양보한다
그럴 수야 없지
내가 더 큰 몸짓으로 양보한다

식당에 앉는다
종업원이 새끼 돼지 구이(코치니요 아사도)를 들고 와 보여준다
시장 골목에서 보던 돼지머리의 웃는 얼굴처럼
새끼 돼지의 표정은 편안하다
육질의 부드러움을 자랑하듯
칼 대신 접시로 요리를 잘라준다
어떤 감정으로 포크를 들어야 할지 잠시 흔들린다

세상의 모든 작은 것들
지상의 모든 순결한 것들이
제 몫의 역할을 펼치고
제 몫의 빛을 비추던 날

낯선 땅 우연한 시간 속에서
나는 두 천사를 보았다

아디오스 아미고

나에 대한 다섯 개의 느낌

1.

늦게 자고 늦게 일어난다
실없이 웃는다
길을 걷다 넘어진다
고독하기 때문이다

2.

잠들려는 순간,
그 순간의 무방비를 응시하려다 그만 날을 샌다
안타까워도 서로 다가설 수 없는
깨어있음과 잠듦
그 사이로 침입을 시도하는 수많은 이야기들

3.

꽃은 흘기면 안 되나
기대를 꺾고, 간밤의 설렘을 짓밟은 그 꽃
아름다움도 추할 수 있다는 것을 보여준 그 꽃
볼 장 다 본 그 꽃

하늘은 째려보면 안 되나
가져간 것이 너무나 크고 많은데
왜 노려보면 안 되나

4.
오늘도 강물이 흐른다
산은 멈추어 있음에 틀림이 없다

5.
꿈에서 쓴 그 시를 몇 번씩 되뇌었건만
놓쳐버린 아침

내가 잠드는 법

군인과 과학자, 의료인 등 1천 명의 인력을 이끌고 정확히 500년 전인 1525년 5월에 닿았다. 독도함에는 헬기와 드론, 중화기를 비롯한 각종 무기류, 의료기기와 약품, 설계도 등 21세기 첨단 문명을 실었다. 동트는 새벽, 인천상륙작전을 감행하고 한양 도성으로 헬기 10여 대로 침투조를 투입했다. 뒤이어 대대 병력의 진군. 도성을 장악하는 것은 쉬운 일이었다. 다만 중종과 신료들에게 우리가 오백 년 후에서 왔다는 것을 이해시키는 데에는 적지 않은 시간이 필요했다.

이제 현대문명을 기반으로 내치에 힘쓰면서, 또 한편으로는 반상의 구별 없이 군인을 모집하고 훈련시켜 세계 정복에 나설 것이다. 그리하여 산업, 문화, 예술 등 모든 문명을 리드하고, 압도적 군사력으로 전쟁 없는 세계 평화를 건설하며, 세계 역사를 앞당기고 바꾸는 대변혁을 이룰 것이다. 아울러 우리가 세계 평화 지킴이가 되는 팍스 코리아나를 건설할 것이다.

일단 내일은 전국에 방을 내려 권력 이양을 알려야지…

오늘은 이 대목쯤에서 잠이 들었다.

에펠탑 효과
— 뛰어들어 살기

미울 땐 미움에
그리울 땐 그리움에 뛰어들면
미움도 그리움도 없는 것

뛰어들어 중심되면
흔들리지 않는 것

절대는 없는 것
자주 보면 볼만하고
볼만하면 조화로운 것

고통과 슬픔에 뛰어들어
깨달음으로 돌려 버리는

유유히 흘러가는 마음,
그 마음 잡지 않으려는 마음

제4부
아니 만나고 살기도 한다

이젠 가끔 널 잊는다

세월이 모서리를 지우듯
가슴속 돌덩이도 다듬어 줄까

고독의 밤, 긴 긴 어둠의
그 터널을 어찌 지나왔는지

난 괜찮지 않은데 자꾸 괜찮을 거라고 한다
난 무너지고 싶은데 자꾸 일어나라 한다
괜찮지 않은 것도 괜찮아지면
널 잊은 걸까

널 가끔 잊는 건
해 지고 달 뜨는 일만큼 마땅한 일이겠으나
그립다는 말조차 조심스럽다 보니
그 말을 못 한다
아무래도 체면이 너무 깊다

존재가 다르니 잊어야 하겠지

살기 위해 이겨내야 하고
이겨내기 위해 잊어야 하기에

이젠, 가끔 널 잊는다 하겠다

가슴속 무덤 하나

3년이면 괜찮을 거라던 친구
그대가 틀렸다는 걸 알면서 들었다

10년이면 될 줄 알았다던 그 시인
다시 그만큼의 세월이 흘렀으니
지금은 어디까지 흘려보냈는지 묻고 싶다

현충원의 무거운 공기를 느끼고
외출 나온 군인들을 보고
맛있는 음식을 먹고
현관문을 열고
TV를 볼 때조차

괜찮아진다는 건 없다

가슴을 치고 들어와 앉은 날 선 돌덩이
깨어진 돌도
구르고 굴러 다듬어지듯

한숨에 녹고 녹아 조약돌 될까

같은 자리가 아픈 사람
가슴 속 무덤 하나 가진 사람을 만나
서로 손을 잡는다면
눈물이 될까, 힘이 될까

자학을 위한 풍경

눈에 밟히는 모습 때문에 다시 찾은 곳
그 풍경 속으로 아내를 밀어 넣고
몰래 한참을 바라본다
내 사랑하는 사람아
그래서 아픈 사람아

비어 있는 그림처럼 배경은 사라지고
추억만이 도드라지는 곳
지친 사람들까지 이리 멀리 불러내어
아픈 곳 건드리게 하는
하루

우리 좋았던 날은 그 그림 속에만 있고
상처에 달려드는 약발처럼
세상과 상대할 힘 되리라 믿어 보는데

이리저리 아픔을 둘러보는
당신의 마음이 읽히니

내 마음도 저리다

아니 왔으면 좋았을까
지금은 없는 그 아이도 함께였던 곳
그때, 그, 풍경

한숨

뜬금없이, 나도 모르게 한숨을 쉬었다는 것은
그 녀석 생각을 했다는 거다
우리는 누군가 한숨을 쉬면
왜 그러냐고 묻질 않는다
그저 먼 산을 보며 소리 없이 같은 한숨을 쉰다

뜬금없이 눈시울이 붉어졌다는 것은
속 깊이 뒤척이던 존재를 건드렸다는 거다
생각의 끝에는 항상 네가 있고
시선의 끝에는 시린 그리움이 있다

뜬금없이 가슴이 뜨거워졌다는 것은
그 자리가 아프다는 거다
달무리 깔리는 녘에 모든 물기 다 짜내고
토닥토닥 회상의 방망이질을 한다

뜬금없이 그리워졌다는 것은
어서 가서 만나야 할 사람이 있다는 거다

그래, 너 꽃 해라
― 딸에게

미처 하지 못한 말

예쁘다는 말
봄 같다는 말
가슴속 시냇물처럼 졸졸, 흐른다는 말

선물처럼 네가 왔다
너로 인해 한 사랑이
더 단단해졌다

햇살처럼 네가 왔다
온 나무 꽃 피어 천지가 꽃 마당이다

마을 마을마다 흐드러진 들꽃이란 들꽃이
모두 너만 같으니
그래, 너 영원한 나의 꽃이다
너는 내 딸이다

아내의 걸음

아내와 걷다 보면 종종 아내를 놓친다
내 머릿속엔 자주 생각이 찾아 들고
생각을 맞이하다 보면 아내가 곁에 없다
아내의 눈 속엔 자주 세상이 찾아 들어
길가의 꽃도 보고, 지나는 사람의 옷도 보고, 정다운 시냇물도 본다
뒤쫓아온 아내가 한마디라도 하면
절로 고개가 숙여진다
그럴 때마다 다음을 벼르지만 거의 매번 반복된다
한 방향을 함께 걷겠노라 다짐했던 옛 약속을
아내는 여전히 곧이곧대로 믿고 있나 보다
이렇게 살아가는 거라고 한 마디 건네 보지만
아내는 못 고치는 병은 없다는 주의라서
용납이 안 되나 보다
남녀 차이를 주장하고 싶지만
아내는 인간의 문제로 본다
마음먹으면 못 할 것도 없을 것 같고
그런 적도 꽤 되는 것 같은데

아내는 비율 문제가 아니라고 한다

다름과 틀림 사이를 서성대는 생각을 생각하는 산책길

아내의 시간

차장을 스쳐 가는
엽서 같은 이국 풍경에 젖어 있다가
문득 잠들어 있는 아내를 봅니다
이렇게 가까이에서 지그시 바라본 게 언제였는지

가이드가 '어느 60대 노부부의 이야기'를 들어줍니다
60대 노부부라니, 세상 물정 모른다며
속으로 트집을 잡아 봅니다
그러다 다시 아내 얼굴을 봅니다
나이 차가 많아서 좋겠다고 부러움 사던 때도 있었는데
문득 가슴 한편이 아려옵니다

언젠가 나 없이 살아갈
아내의 세월을 생각합니다

남겨진 시간의 색깔이 어떠할지 모르겠지만
등짝 어느 구석쯤 파스를 붙여야 하는 날
내 생각 하겠지요

눈시울 젖기도 하겠지요

아직은 여행도 하고
살림살이 걱정도 하며
또 살고
웃고 울어야 하겠지만
언젠간 그날이 오겠지요

잠든 아내의 손에 살며시 손을 얹어봅니다

아내의 반항

살다 보면 있다
살가운 사이라도 때론 삐죽빼죽할 때가
모든 감각이 끝을 향해 달리고
그 끝에 무모함이 서서 기다리는 때가

탐석해 온 돌들을 좌대 앉히기 전 베란다에 들일 때
집 무너진다는 말을 농으로 무심코 넘겼는데
어느 날 귀가해 보니 온데간데없다
어떻게 된 거냐 하니 베란다 정리하는 김에 내다 버렸단다
부리나케 아파트 화단으로 내려가 봤지만
그냥 돌이 아니란 걸 알아본 손들이 이미 다녀간 후였다
집을 올려다보며 무식한 여편네라는 말이 차올랐지만
돌이 더 중할 수야 없으니 어금니 깨물며 삼켰다

그런데 가끔씩 그 일이 생각날 때마다
아내가 버린 것이 단지 돌이었을까 의문이 든다
그때마다 내 몸이 움씰거린다

나 홀로 창가에서

떠나간 누군가를 불러와 마주 앉는다
잘 살고 있냐는
내가 보고 싶은 적은 없었냐는
낯간지러운 말은 커피잔에 담는다

커피 향이 피었다 진다

떠난 후에 알게 되었다
그대를 시도 때도 없이 불러 보는 건
그대가 나의 그림자였고
사랑하는 일은 그림자를 두는 일임을

그댈 위해 흐린 눈 감춘다
기다림의 느낌 서럽지 않게
햇살 드는 창가에 해바라기 자세로 고쳐 앉는다

사랑은 소리를 낸다
― 모기의 세레나데

한 철을 살아도 한 움큼 희망은 있어야 한다
모든 생명은 절절한데
불현듯 떠난 사연에 심사가 어지럽다

한 철이지만 과거를 그리워하고, 미래를 꿈꾼다
그 짧은 시간마저 누리지 못하는 벼락같은 미완의 삶

사람의 집에 불청객으로 살 때부터
생과 사의 줄다리기는 시작되었다
안락한 낮과 전쟁 같은 밤이 마주친다
먼저 간 이의 핏빛 기억은
살아남았다는 안도감에 묻힌다

나의 치명적 약점은
사랑이 찾아오면 소리를 낸다는 것
나의 세레나데가
종말을 재촉한다는 것쯤 모를 리 없지만
운명 같은 사랑이라면

목숨이라도 걸어야 하는 것 아닌가

스스로 날리는 공습경보,
그대에게 갈 수 있는 방법이
그것뿐인 걸 어쩌겠나

운명 앞에
속절없이 떨어져 내리는 낙화
악착같던 한때의 삶도 꿈인 듯 서럽다

한때는 달달했다

탁자 위 커피 두 잔
잔을 감싸 쥔 두 손
온기는 차오르지만
떨어지지 않는 입술

한 모금 마시고 잔을 내리고
또 한 모금
마주 보지 못하는 눈

이제 식어 버린 잔을 내리고
일어서야 할 때

지금은 쓰디쓴 커피지만
한때는 달달했다

그러면 됐다

내 사랑은

언제부터인가 너를 바로 보지 못한다

어디에 서 있든 너만 보이고
너 외의 모든 것이 부옇게 흐려지니

나는 한 발짝 뒤에서 아이처럼 수줍고
내 사랑은 종종 뒷걸음질 친다

이별 뒤에서

누구나 이별을 한다
누구든 언제나 이별을 한다
어디서든 이별은 일어난다
좀 더 빠른 이별, 좀 더 늦은 이별
그래, 그것뿐이야

바람에
꽃이 진다
또 바람이 불자
나뭇잎이 가지를 떠난다
놓을수록 더 단단해지는 숲의 서사

해가 지자
가버린 자와 버려진 자로 분리된다
별이 지자
밤을 새운 미움과 사랑이 하나 된다

그래 그렇다

만나면 이별이라
이별 끝에 또 다른 만남이 있을 걸 믿는다

가고 오지 않는 것들
돌아오지 않는 언어들도
언젠간 돌아와 따뜻한 가슴 만들리라 믿는다

이별은 그래야만 한다

가끔 생각은 하겠지. 때론 나보다 조금 덜 아프고, 조금 더 편안하길. 하여 결국엔 서로의 찬란한 배경이 되기를. 가끔 두 손 모아 기도하겠지

떠난 후에 알았네

잘 있나요, 그대

인연이 아니었으니
마음 두지 말아야 하건만

이별의 아픔이 이토록 처음 같아

그만큼 진심이었단 말이니
그대는 좋은 사람이었단 말이니

떠난 후에 알았네

내가 너를 생각했다

생각한다는 것, 누군가를 생각한다는 것, 시도 때도 없이 앉으나 서나 생각한다는 것, 만날 수 없는 걸 알면서도 생각한다는 것, 오랜 세월이 흘러도 생각한다는 것

유독 한 사람이 그리울 때가 있다
스쳐 지나간 수많은 사연과 인연 중에
유독 한 사람의 이름이
처음인 듯 입술 위에 오를 때 있다

어이없어 피식 웃고 말 때가 있다

송영신의 시세계

절망과 희망 사이를 방랑하는 시인

김풍기

(강원대학교 국어교육과 교수)

1. 시인이라는 존재 : 끝없이 새로운 것을 찾아 떠도는 운명

　노래의 연원은 시원始原을 알 수 없을 정도로 아득하지만, 인간의 사상 감정을 담아서 감동을 준다는 점에서는 같다. 감동은 공명共鳴을 전제로 한다. 함께 울리지 않는다면 감동의 자장 안으로 들어갈 수 없다. 당나라의 명문장가인 한유(韓愈, 768~824)는 동시대의 뛰어난 시인 맹교(孟郊, 751~814)에게 주는 글 「송맹동야서送孟東野序」에서 세상의 모든 존재는 소리

를 내는데, 좋은 소리[善鳴]를 내는 것이 중요하다는 취지의 말을 한 적이 있다. 그 논의를 이어 받아서 율곡栗谷 이이(李珥, 1537~1584)는 동시대의 뛰어난 문장가 최립(崔岦, 1539~1612)에게 주는 글 「증최립지서贈崔立之序」에서 만물의 소리를 여러 가지로 분류한 뒤, 인간의 소리 중에서 올바른 것을 담은 것, 그중에서도 사람들이 좋아하는 것, 또 그중에서 언어적 표현으로 올바름에 부합하는 것이야말로 '선명善鳴' 즉 좋은 울림이라고 했다. 그럴 때 울림은 소리를 내는 주체, 즉 시인의 마음이 어떠한가를 그대로 반영하는 것이다. 따라서 가장 아름답고 올바른 소리는 시인의 올바른 마음, 나아가 가장 진실한 자신의 감정을 드러낼 때 성취될 수 있다 하겠다.

문제는 어떻게 '선명'의 경지에 도달할 수 있는가 하는 점이다. 선명을 성취하기만 하면 시인의 노래는 수많은 인간뿐 아니라 살아 있는 생명을 울릴 것이다. 그것을 나는 '감동'에 대한 깊은 해석으로 받아들이곤 한다. 시인의 말에 감응해서 독자의 마음에 울림이 생긴다면 그것이 바로 감동이 아니겠는가.

선명의 경지를 얻는 것은 매우 어렵다. 인간의 언어는 참으로 기묘한 것이어서, 우리는 쉽게 관습적 차원에 머무르곤 한다. 사회 구성원 간의 신뢰를 바탕으로 구성되는 언어는 맥락에 따라 변화하는 것을 거부하려는 성향을 가진다. 언어의 의미가 수시로 바뀐다면 사람 사이의 언어적 소통은 무망한 일이다. 언어의 감옥에 갇혀서 살아가는 인간에게 어쩌면 관습적 언어는 주어진 숙명과도 같다. 무심하게 내뱉는 말에는 그 말이 켜켜이 쌓아 온 역사와 의미의 지층이 숨어 있다. 그것을 우리가 세세하게 설명할 수는 없지만, 그렇다고 해서 그것이 없다는 뜻은 아니다. 설명할 수 없어도 일상생활 속에서 무리 없이 사용한다는 것은 언어의 관습성을 그대로 말해준다. 그렇게 우리는 자신도 모르는 사이에 언어의 감옥 속에서 더더욱 두터운 벽을 만들어가면서 죽어간다.

  보이지 않는 언어의 감옥에서 시인은 두터운 벽에 균열을 내는 존재다. 관습적 언어에 새로운 길을 내며 독자들에게 자신이 살아가는 익숙한 길에서 벗어나도록 유혹하는 존재다. 아무리 새로운 표현이라 해도 독자들에게 신선한 감각을 일으키는 것은 시간적 한계를 가질 수밖에 없다. 새로운 언어 역시 세월에 따라 진부한 언어로 변하기 마련이고, 그것이 계속 독자들의 신선한 감각을 불러일으키지 못하는 것은 당연하다. 그런 점에서 보면 시인은 새로운 표현을 찾아 어슬렁거리는 방랑자로 살아갈 운명을 가지고 태어난 존재다.

  새로운 표현은 단순히 언어적 차원에서 머무르는 것은 아니다. 세상을 바라보는 새로운 시선이 있어야 하고, 새로운 사유의 지평이 열려야 한다. 마음속에 새로운 생각이 움튼다 해도 그것을 표현하는 언어가 과거의 관습적인 차원에서 머물러 있다면 독자들에게 자신의 새로운 생각을 전달할 수 없다. 그러므로 새로운 사유와 시선은 늘 새로운 표현과 적절하게 어울

리면서 시인 자신만의 언어로 드러나게 된다. 시인은 '좋은 울림[善鳴]'을 위한 새로운 표현을 찾아 헤매는 방랑자라는 말은 이런 맥락을 함축하고 있다.

2. 자학과 의사절망擬似絕望의 세계

『이젠 가끔 널 잊는다』는 송영신 시인의 제2 시집이다. 이 시집은 기본적으로 첫 번째 시집에서 보여주었던 시 세계를 계승하면서 한 걸음 더 나아가 생각과 표현을 다듬었다는 생각을 한다. 물론 이 시집에서 보여주는 세계가 여전히 많은 부분 관습적 차원에 기대 있다는 점을 부인할 수는 없지만, 그의 제1 시집에 비해 새로운 면모를 보여준다는 점에서 시인으로서의 착실한 자세를 보여준다는 점 역시 특기할 만하다.

송영신 시인의 시는 전반적으로 깊은 절망으로 점철되어 있다. 이는 돌아오지 못할 존재에 대한 끝없는 그리움에서 비롯한다. 우리의 삶이 고통으로 이루어져 있다는 것은 모든 종교의 출발점일 터, 그렇다면 그에게 있어서 시는 일종의 종교인 셈이다. 첫 번째 시집에서도 이러한 경향을 보여주었지만, 『이젠 가끔 널 잊는다』에 수록된 시편의 대부분이 깊은 절망을 노래하는 것으로 보아 그러한 경향은 더욱 분명해졌다.

시인은 늘 자신의 위치를 세상에서 가장 낮은 곳으로 설정한다. 세상으로부터 어떤 요구가 있어도, 그 요구가 아무리 과한 것이라 해도 받아들일 수밖에 없다는 마음가짐이 없다면 자신의 자리를 가장 낮은 곳으로 설정할 리 없다.

> 벤치에 누워 하늘을 본다
> 가장 낮은 자세로 가장 높은 곳을 우러를 때
> 궁금과 답답 사이, 미끼 문 낚싯줄처럼 당겨오는 장력
>
> 구름에게 묻는다
> 나그네가 아니고선 구름의 의중을 알 수 없는지
> 곁에선 여전히 물비린내 하늘거리는지
> 돌아오지 않을 듯 떠났지만
> 아닌 듯 다시 돌아와 하늘에 옷을 걸어놓는 구름
> 떠난 이도 그렇게 불쑥 나타나
> 주머니 속 동전과 여윈 손과 옛이야기를 꺼내놓을 순 없는지
> ―「구름에게 묻는다」 부분

이 시에서 시인은 벤치에 누워 하늘에 떠가는 구름을 향해서 묻고 있다. 그의 마음은 온통 '궁금과 답답'으로 가득하다. 해결할 수 없는 혹은 답을 알 수 없는 수많은 의문이 가슴을 채우고 있다. 그 의문이 무엇인지는 물음의 내용을 통해서 짐작할 수 있다. 돌아오지 않을 듯이 떠났지만 언제 그랬느냐는 듯 슬며시 돌아와 저 하늘에 떠 있는 구름과는 달리 어째서 떠

난 이는 불쑥 나타나지 않는 것인지 의문이다. 그 이면에는 떠난 이에 대한 그리움과 함께 다시는 내 눈앞에 나타나지 않는 사람에 대한 야속함이 자리한다. 그의 괴로움의 근원은 바로 떠난 이가 다시는 내 눈앞에 돌아오지 않는다는 사실일 것이다.

그것은 다음의 시에서 더욱 분명하게 보인다.

> 벼락같은 아침이 있었다
> 대관령을 넘었다
>
> 잊기로 한들 잊힐 건가
> 바람 타고 구름 오르는 산등성이
> 평온한 호수, 그 평온을 흔들어놓는 괭이갈매기의 날갯짓
> 두고 온 것은 멀리 두고 그리워하는 것
> 고개 돌려 아닌 척하는 것
> 그래야 사는 것
>
> 떠난 후에 알았다
> 발걸음 따라 파도 소리, 바람 소리 따라오고
> 흙 내음, 풀 내음 꽃향기인 양 묻어왔다는 것을
> 머리 드니 밝은 달이요, 눈 감으니 낯익은 마을
> 나를 키워준 대관령 바람이여 동해 바다여
> 부디 나를 먼저 잊으라

인생의 황혼기, 그 귀향의 시간에
등을 돌렸으니
하루가 빛과 어둠 사이를 지나듯
나의 삶도 그리움과 방랑 사이를 지난다

떠나는 이 있으면 돌아올 이도 있으리
저마다 봇짐 같은 사연 이고 지고 고향을 오가겠지만
슬픈 이는 더 슬프고 외로운 이는 더 외로운 타향의 시간
떠난 자는 말이 없다
서로 묻지 않기로 한다

─「대관령을 넘으며」 전문

   시인 자신을 키워준 대관령이지만 자신은 너무도 멀리 그곳에서 떠나왔다는 점을 깨닫는다. '귀향의 시간에 등을 돌렸으니' 시인은 더 이상 대관령에게 기억될 자격 혹은 자신이 없다. 대관령을 떠나서 살아갔던 신산한 객지 생활은 오직 빛과 어둠, 그리움과 방랑 사이를 서성거리는 일이었다. 뿌리 없이 평생을 떠돌았다는 생각은 인생의 황혼기에 접어들면서 더욱 대관령에 대한 그리움을 키워갔다. '외로운 타향의 시간'으로 인생의 대부분을 지낸 시인은 더 이상 떠난 사람의 사연을 묻지 않는다. 두고 온 대관령과 그 언저리의 수많은 생명들을 평

생 그리워하면서도 고개 돌려 아닌 척하며 살아온 세월이 너무 길었다. 그러하니, 심지어 사랑과 그리움의 대상인 대관령에게 자신을 먼저 잊어달라고 부탁한다.

  시인의 절망감은 당연히 삶의 괴로움에서 시작된 것이다. 누구나 절망과 고통 속에서 살아가지만 시인은 그것을 증폭시키면서 그 안에서 벗어나려는 적극적인 노력을 기울이지 않는 것처럼 보인다. 심지어 자신을 일부러 괴롭힘으로써 돌아올 수 없는 존재에 대한 그리움을 강화하는 도구로 삼는 모습을 보이기도 한다.

    눈에 밟히는 모습 때문에 다시 찾은 곳
    그 풍경 속으로 아내를 밀어 넣고
    몰래 한참을 바라본다
    내 사랑하는 사람아
    그래서 아픈 사람아

    …(중략)…

    이리저리 아픔을 둘러보는
    당신의 마음이 읽히니
    내 마음도 저리다

아니 왔으면 좋았을까

지금은 없는 그 아이도 함께였던 곳

그때, 그, 풍경

—「자학을 위한 풍경」 부분

위 작품에서의 풍경은 중의적이다. '그 아이도 함께였던 곳'으로서의 풍경이지만 지금은 시인뿐 아니라 함께 있는 아내도 아픈 풍경이다. 전자가 유토피아로서의 풍경이라면 후자는 절망으로서의 풍경이다. 그 풍경 안으로 일부러 아내와 자신을 밀어 넣음으로써 고통을 더 강하고 섬세하게 느끼는 것, 그것을 우리는 자학自虐이라 불러도 될 것이다.

제목에서도 명확하게 의도를 드러낸 것처럼, 시인은 돌아올 수 없는 존재에 대한 끝없는 그리움으로 인해 고통을 받고 있다. 그는 그 괴로움에서 벗어날 생각도 없어 보이고 때로는 그 고통을 느끼는 행위를 통해 자신의 현실 존재를 증명하고 싶어 한다(「옛 휴대폰을 켜다」에서도 같은 점을 발견할 수 있다). 그런 의미에서 시인의 태도는 자학에 다름 아니다. 동시에 이러한 자학은 자신이 늘 마음속에 돌덩이처럼 간직하고 있는 절망을 일부러 과장하는 태도와 통한다. 필자는 이러한 맥락에서 나오는 절망을 '의사절망'으로 명명하고자 한다.

괴로움을 벗어나기 위한 종교적 시도에서 가장 첫 번째 단계는 자신의 절망을 냉철하면서도 깊이 관찰하는 것이다. 고통을 명철하게 살펴야 비로소 그것을 넘어설 방도를 찾을 수 있기 때문이다. 앞서 언급한 것처럼 송영신 시인에게 시를 쓴다는 행위는 일종의 종교라고 서술한 것도 이와 같은 맥락이다. 그만큼 이 시집 안에 수록된 시에는 그가 느끼는 고통을 다양하게 만날 수 있다.

그러나 고통으로 인한 절망을 의도적으로 증폭한다는 것은 고통을 관찰하는 것과는 또 다른 차원의 문제다. 손끝의 작은 상처라도 사람에 따라 느끼는 고통의 강도가 다르다. 그러므로 돌아올 수 없는 존재에 대한 그리움이 주는 고통을 독자들이 시인과 같은 강도로 느끼는 것은 어렵다. 시인이 일부러 고통을 강렬하게 표현하고 심지어 시인 자신을 고통 속으로 스스로 밀어 넣고 가두려고 하는 일련의 시적 태도는 자신의 고통을 효율적으로 전달하려는 시적 전략일 수도 있다. 그러나 이 같은 시적 태도가 자주 반복되거나 작위적인 표현으로 나타난다면 그것은 '의사절망'에 가깝다. 물론 의사절망이라 명명할 만한 작품이 독자들에게 뜻밖의 감동을 주고 그것이 송영신 시인의 시적 특징으로 자리를 잡을 수 있다면 그 나름의 의의를 지닌다. 그렇지만 이러한 것이 시인의 현실을 잠식하고 나아가 희망 없는 절망으로 자신을 몰아넣는다면 과연 '선명善鳴'이라 할 수 있을지 의문이다.

이런 의문이 드는 순간, 우리는 이 시집에서 흥미로운 지점을 발견한다. 바로 '사이'의 발견이다.

3. '사이'의 시학

절망이라고 하는 거대한 그림자가 그의 시를 덮고 있는 것은 사실이지만, 그것을 드러내는 방식은 '사이'를 발견하고 거기서 의미를 만들어내는 방식을 택하는 것이 송영신 시인의 특징이라 할 수 있다. '사이의 시학'이라고 할 수 있는 이 방식은 일상의 움직임 속에서 다양한 절망의 그림자를 발견하게 만든다. 크게 보면 절망과 희망의 사이에서 시인은 괴로워한다. 동시에 삶과 삶의 사이에서 그의 고통은 현실로 발현한다. 이쪽 모서리와 저쪽 모서리는 눈에 보이지 않는 '사이'에서 세월에 마모됨으로써 시인의 고통을 완화하기도 한다. 이러한 통찰은 매우 흥미로운 지점이다.

시인이 살아가는 세상에는 수많은 사이들이 존재한다. 궁금과 답답 사이(「구름에게 묻는다」), 쪽과 쪽 사이(「벌레를 읽다」), 행과 행 사이(「벌레를 읽다」), 수풀 사이(「윗세오름에서」), 분계선 사이(「임종 면회」), 빛과 어둠 사이(「대관령을 넘으며」), 그리움과 방랑 사이(「대관령을 넘으며」), 활자 사이(「책벌레」), 깨어 있음과 잠듦 사이(「나에 대한 다섯 개의 느낌」), 아내와 나의 살가운 사이(「아내의 반항」) 등 다양한 사이들이 제시된다. 얼핏 보아도 이 정도의 분량이라면 송영신 시인이 '사이'라는 것에 대해 얼마나 깊이 생각하고 있는지 짐작할 수 있다. 심지어 그는 '사이'를 표제어로 작품을 쓰기도 한다.

모든 사연엔 사이가 있다

확신과 의심 사이
웃음과 울음 사이
그날과 오늘의 사이,
지나간 것과 또 다가올 것의 사이
그 사이를 오가는 개와 늑대의 사이
23시의 오열과 01시의 미열 사이

모든 사이는 소란스럽다
그 잡음 속으로
수많은 의미가 깃발처럼 나부낀다

텅 빈, 사이는 없다
사이는 빔이 아니라 채움이며,
멈춤이 아니라 운동이다
그 왁자한 아우성 사이로
아, 서로가 처음인 듯 신음하고 있는 것이다

—「사이에 대하여」 전문

    사연과 사연 사이에는 엄청난 사이들이 존재한다. 이쪽이든 저쪽이든 안정된 경계 내부로 들어가면 우리의 삶은 별로 흔들리지 않는다. 경계 내부의 질서를 받아들이면서 자신의 삶을 구축하기 때문에 모든 것이 명확하게 보이고 판단에도 별로 이의를 제기할 필요가 없다. 그것을 시인은 '텅 빔'이며 '멈춤'이라고 말한다.

그러나 경계와 경계 사이에 있는 공간을 발견하고 그 안으로 들어가는 순간 왁자한 아우성으로 가득 찬 '채움'이며 '운동'을 경험한다. '서로가 처음인 듯 신음하고' 있다는 것은 고통으로 가득한 세상이다. 앞서 시인의 출발이 고통이라는 점을 언급한 바 있다. 그 고통의 세계로 시인이 스스로 들어가는 순간 생각할 수조차 없는 무한의 고통이 우리의 삶을 둘러싸고 있는지 실감하게 된다. 그가 의사절망 속으로 자신을 밀어 넣는 자학적인 태도 역시 이런 맥락으로 해석할 수 있다.

경계가 달라져서 이제는 돌아오지 않는 사람에 대한 그리움과 그로 인한 절망은 자신을 사이의 세계로 밀어 넣는 행위를 통해서 나타나는 것이지만, 그 이면에는 그러한 아우성과 운동의 세계에서 자신의 날카로운 감각의 모서리들이 무뎌지기를 소망하기도 한다. 경계 내부라는 안정적인 구조 속에 위치해 있는 한 날카로운 모서리는 늘 날카롭게 날이 서 있기 마련이다. 그러나 신음과 아우성, 운동 속에서 부단히 움직인다면 언젠가는 무뎌질 수밖에 없다.

그의 표제작 「이젠 가끔 널 잊는다」가 흥미로운 이유는 '사이'들에서 부드러워지는 괴로움의 모서리를 관찰한다는 점 때문이다.

　　　세월이 모서리를 지우듯
　　　가슴속 돌덩이도 다듬어 줄까

　　　고독의 밤, 긴 긴 어둠의
　　　그 터널을 어찌 지나왔는지

　　　난 괜찮지 않은데 자꾸 괜찮을 거라고 한다
　　　난 무너지고 싶은데 자꾸 일어나라 한다
　　　괜찮지 않은 것도 괜찮아지면
　　　널 잊은 걸까

　　　널 가끔 잊는 건
　　　해 지고 달 뜨는 일만큼 마땅한 일이겠으나
　　　그립다는 말조차 조심스럽다 보니
　　　그 말을 못 한다
　　　아무래도 체면이 너무 깊다

　　　존재가 다르니 잊어야 하겠지
　　　살기 위해 이겨내야 하고
　　　이겨내기 위해 잊어야 하기에

이젠, 가끔 널 잊는다 하겠다

  —「이젠 가끔 널 잊는다」 전문

 '사이'를 관찰한다는 것은 우리의 삶이 한시도 멈추어 있지 않다는 사실을 관찰하는 일이기도 하다. 멈추어 있는 생명은 존재하지 않는다. 멈춘 듯한 사물도 사실은 끊임없이 움직인다. 그 움직임을 깊이 관찰하지 않으면 '사이'는 발견되지 않는다. 그것은 제행무상諸行無常의 시적 표현으로 보이기까지 한다. 무수한 사이들에서 현실 속에서의 고통이 드러난다.
 시인이 '가끔' 너를 잊는다고 했을 때, 실제로 잊는다는 의미로 읽히지 않는다. '가끔'이라고 했으니, 삶의 대부분은 너를 기억한다는 의미다. 아이러니하게도 너를 기억하는 것은 시인을 고통의 세계로 인도하지만 너를 잊어버리는 망각의 시간은 시인을 새로운 희망의 세계로 인도하는 것처럼 보인다. 거대하고 견고한 고통의 세계, 고통이 만드는 언어의 감옥에 끊임없이 균열을 내는 작업을 시인이 하고 있다는 점을 필자는 표제작을 통해서 발견한다.
 자신의 고통을 감내하면서 그럼에도 불구하고 끈질기게 관찰하는 동안 고통과 고통의 '사이'를 발견하는 것은 늘상 있는 일은 아니다. 그 역시 '가끔' 있을 것이다. 이 시집에 수록된 작품을 읽노라면 '사이'라는 단어와 '가끔'이라는 단어를 자주 발견한다. 시인이 의식했는지는 모르지만, 두 개의 단어가 자주 등장한다는 것은 절망을 일부러 증폭시키는, 위악적이기까지 한 의사절망에서 벗어나 새로운 희망의 빛을 찾으려는 몸부림으로까지 느껴진다. 말하자면 그의 시 세계가 전반적으로 구원 없는 절망처럼 보이지만 실상은 깊은 절망을 관찰함으로써 희망을 찾으려는 도저한 반어反語가 숨어 있는 셈이다.

4. 애이불상哀而不傷의 세계를 향하여

송영신 시인의 시 세계에서 절망의 이미지는 빼놓을 수 없는 요소다. 다시는 돌아올 수 없는 누군가에 대한 그리움이 깊어지면서 절망으로 바뀌었으므로 그의 절망은 어찌 보면 절대적인 절망처럼 보일 때가 있다. 마치 절망이 인간의 본성인 것처럼 그의 시에서는 절망의 이미지가 넘쳐난다. 엄청난 분량의 절망감 때문에 시인의 의사절망이 돋보이는 것도 사실이다.

그렇지만 깊은 절망은 경계와 경계 사이에서 마모되고 희미해지면서 절망적 언어의 감옥에 미세한 균열을 내기 시작한다. 균열 역시 하나의 '사이'가 되는 셈이다. 세상의 무수한 사이를 관찰하는 것을 넘어서 스스로 사이를 만들어가는 이 모습은 그의 시가 단순히 절망을 읊으려는 것만은 아니라는 점을 의미한다. 그것은 시인 자신이 고통의 바다에서 허우적거리며 절망에 먹히는 것이 아니라 그 바다를 건너기 위한 힘든 노력이다. 날카로움이 '사이'에서 부단히 운동하면서 마모되고, 그렇게 날카로운 절망은 점점 짙은 색을 벗어버리고 담담함으로 변하는 것처럼 보인다.

담담한 절망은 예컨대 그의 시 「나 홀로 창가에서」 중의 구절, "그댈 위해 흐린 눈 감춘다/ 기다림의 느낌 서럽지 않게/ 햇살 드는 창가에 해바라기 자세로 고쳐 앉는다"는 곳에서 아름답게 보인다. 그의 서러움은 절망에서 벗어나 날카로움이 마모된 면모를 잘 보여준다. 또 예컨대 「아내의 시간」에서의 구절, "아직은 여행도 하고/ 살림살이 걱정도 하며/ 또 살고/ 웃고 울어야 하겠지만/ 언젠가 그날이 오겠지요"라고 그 언젠가를 기약하면서 지금은 "잠든 아내의 손에 살며시 손을 얹어봅니다"라고 읊조릴 때 그의 절망은 담박함으로 채색되면서 새로운 삶의 희망으로 변환된다. 이런 지점이 어쩌면 독자들에게 좋은 울림[善鳴]으로 다가갈 수 있으리라.

공자는 『논어論語』 「팔일八佾」편에서 『시경詩經』의 「관저關雎」장을 평하면서 '애이불상哀而不傷'이라고 한 바 있다. 슬프지만 그 슬픔이 마음을 상하게 만들지 않는다는 뜻이다. 이것이야말로 송영신 시인이 지향하는 '사이의 시학'으로 도달하고자 하는 담담한 절망이 아니겠는가. 그의 시가 이 경지를 향해서 나아가고 있다는 점을 필자는 믿는다.

*

글을 마무리하면서 사족처럼 떠오르는 풍경을 덧붙이고자 한다. 나는 송영신 시인을 생각하면 늘 사진기를 어깨에 메고 활기찬 모습으로 거닐던 모습을 떠올리곤 한다. 그의 눈은 언제나 아름답고 맑았다. 아름답고 맑은 눈이 세파에도 여전히 빛을 발하는 것을 보면 그의 심성 역시 아름답고 맑지 않겠는가. 그의 깊은 절망이 애이불상의 시 세계로 나아가리라 믿는 필자의 믿음은 바로 거기에 기인한다. 좋은 말을 절차탁마切磋琢磨하면서 좋은 시로 독자들과 좋은 울림을 나눌 수 있기를 빈다.

| 송영신 |

강원도 출생. 강원대학교를 졸업하고, 동 대학원에서 박사학위를 취득했다. 『문학광장』으로 등단했으며, 시집으로 『기차는 우리를 같은 곳에 내려놓지 않았다』가 있다. 대학교수로 퇴직했으며, 현재 한국교수발전연구원 원장으로 일하고 있다.

이메일 : sos2s@naver.com

현대시 시인선 236
이젠 가끔 널 잊는다

초판 인쇄 · 2025년 11월 25일
초판 발행 · 2025년 11월 30일
지은이 · 송영신
펴낸이 · 이선희
펴낸곳 · 한국문연
서울 서대문구 증가로29길 12-27, 101호
출판등록 1988년 3월 3일 제3-188호
대표전화 302-2717 | 팩스 · 6442-6053
디지털 현대시 www.koreapoem.co.kr
이메일 koreapoem@hanmail.net

ⓒ 송영신 2025
ISBN 978-89-6104-401-1 03810

값 13,000원

* 이 책은 강원특별자치도, 강원문화재단 후원으로 발간되었습니다.

✽ 잘못된 책은 바꾸어 드립니다.